Victor LOISELET

LA

Franc-Maçonnerie

et les

Questions Sociales

LE CONVENT DE 1905

ÉDITIONS DES "QUESTIONS ACTUELLES"
5, rue Bayard Paris.

ÉDITIONS DES « QUESTIONS ACTUELLES »

ACTES PONTIFICAUX. — *Série à 1 fr.*

Encycliques, Lettres pontificales, « **Motu Proprio** », Brefs, **Allocutions** (*texte latin et traduction française en regard*) : de Pie IX, Grégoire XVI et Pie VII : 1 volume (3e mille); — de Léon XIII, 7 volumes (6e mille); — de Pie X, 1 volume (3e mille).

Port de chaque volume, o fr. 45; — port des 9 volumes pris ensemble, o fr. 80 en gare, 1 fr. o5 à domicile.

Série à 0 fr. 75

Livre Blanc du Saint-Siège. La Séparation de l'Église et de l'État en France : *Exposé et Documents.*
Un vol. in-12 de 176 pages. (20e mille.) — Port, o fr. 20.

ÉTUDES SOCIALES. — *Série à 3 fr.*

Les Sociétés de Secours mutuels, leur rôle économique et social : *Principes, retraites, organisation, fonctionnement,* par E. Dedé, avocat à la Cour d'appel de Paris. Lettre-préface du comte Albert de Mun. Ouvrage couronné par l'Académie française.
Un vol. in-12 de 334 pages. (3e mille.) — Port, o fr. 55.

Le Mariage civil, *étude historique et critique,* par René Lemaire, docteur en droit. — Ouvrage couronné par la Faculté de droit de Paris. Un vol. in-12 de 35o pages. (2e mille.) — Port. o fr. 55.

Série à 0 fr. 50

Le Repos dominical *au point de vue religieux, hygiénique moral, économique et social,* par Auguste Morel, ingénieur.
Un vol. in-16 de 15o pages. (2e mille.) — Port, o fr. 15.

Demain : la Dépopulation de la France, par D. M. Couturier. — Un vol. in-16 de 16o pages. (2e mille.) — Port, o fr. 20,

De la Criminalité en France dans les Congrégations, le Clergé et les principales professions, *d'après les documents officiels,* par Georges Bertrin, agrégé de l'Université, docteur ès lettres. — Un vol. in-16 de 16o pages. (2e mille.) — Port, o fr. 15

[Remises pour tous ces ouvrages : 7/6, 15/12, 70/50, 150/100.]

5, RUE BAYARD, PARIS, VIIIe

Victor LOISELET

LA
Franc-Maçonnerie

et les

Questions Sociales

LE CONVENT DE 1905

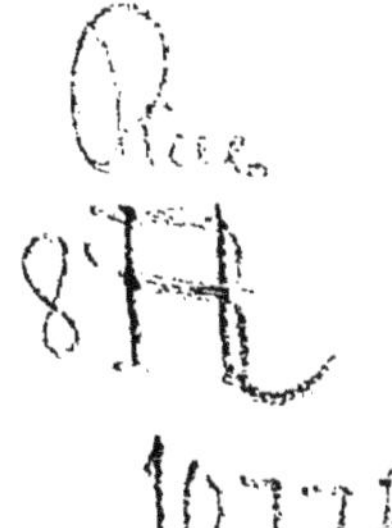

ÉDITIONS DES " QUESTIONS ACTUELLES "
5, rue Bayard, Paris.

La Franc-Maçonnerie

et les Questions sociales

LE CONVENT DE 1905

« *Le Convent de 1905 a été un des plus beaux, un des plus grands* qu'on ait connus ; un de ceux qui ont donné l'exemple de l'union, de la fermeté, en même temps que de la prudence qui s'impose à toutes les associations qui, comme la nôtre, placées au cœur de la démocratie, portent les plus graves responsabilités, dont les gestes sont épiés, dont toutes les attitudes sont analysées et qui ne peuvent pas prendre une seule résolution sans s'exposer à tous les commentaires du dehors, qui, malgré *leur situation de Sociétés secrètes, sont obligées de calculer à la fois ce qu'il est permis de penser, ce qu'il est permis de dire, et surtout ce qu'il est permis de manifester au dehors.* » (P. 444.) (1)

Telles sont les paroles du F∴ Lafferre, président sortant du Conseil de l'Ordre, aux *travaux du banquet* ouverts à 7 h. 1/2 du soir le samedi 23 septembre.

On n'est pas tenté de les taxer d'exagération, quand on achève la lecture du compte rendu de ce Convent. Sur tous les points importants, laïcisation des services publics, persécution religieuse, épuration des fonctionnaires et particulièrement de la magistrature (2), suppression de l'enseignement libre, c'est la marche en avant allègrement reprise après la contre-attaque des fiches dont la brusquerie et l'imprévu avaient un instant jeté le désarroi dans les rangs des FF∴

En un sens, la F∴-M∴ sort fortifiée de cette crise (3). Le Grand-

___

(1) Ces chiffres, sauf avis contraire, renvoient toujours au *Compte rendu aux ateliers de la Fédération des travaux de l'Assemblée générale du 18 au 23 septembre 1905.*

(2) « On n'est magistrat, la plupart du temps, que quand on ne peut pas faire autre chose. » (Paroles du F∴ Dazet, p. 76.)

(3) Le discrédit où sont tombés les délateurs n'a pas empêché le président Roosevelt de répondre par un télégramme amical à l'adresse que, seul des chefs d'Etats, il a reçue de l'As-

Orient d'Italie dont on était séparé depuis plusieurs années par des difficultés intimes (p. 30), les Loges bleues du rite écossais depuis un siècle rivales du Grand-Orient (p. 454), ont renoué cette année les liens d'amitié.

Forte de cette union, la F∴-M∴ reprend sa marche. D'autres se chargent d'en signaler les étapes sur d'autres terrains (1). Pour nous, dans cette étude, nous nous bornerons à étudier la position nouvelle ou plus avancée qu'elle a prise dans les questions sociales; nous constaterons successivement:

1° Son évolution vers le socialisme;

2° Les réformes sur lesquelles tous les F∴-M∴ sont tombés d'accord;

3° Les questions que le Convent de 1905 laisse en litige;

4° Enfin le travail tracé pour l'année 1906.

---

semblée maçonnique. On remarquera cette attitude des États-Unis, puissance judaïsante et maçonnisante. Naguère encore, elle allait à la conférence d'Algésiras sans revendications personnelles, mais avec la mission de réclamer la *liberté pour les Juifs.*

(1) Une mention spéciale à l'excellent tract: *Leur plan de demain,* par Michel Le François. Maison de la Bonne Presse. Prix: l'exemplaire, 15 centimes; le cent, 10 francs.

I

L'évolution vers le socialisme.

L'évolution était fatale. La F∴-M∴, ayant pour but de réaliser l'égalité complète parmi les hommes, ne pouvait tolérer indéfiniment que les uns fussent riches, les autres pauvres.

Il n'est pas possible — dit fort bien le F∴ Gavelle — *que dans une nation où l'égalité des droits entre les citoyens est le principe fondamental de la Constitution,* les faits demeurent en contradiction avec la théorie. (P. 236.)

Si les MM∴ n'ont pas entrepris plus tôt ce nivellement des fortunes, c'est que, pour réaliser cette grande réforme sociale, la réforme s'imposait préalablement dans l'ordre politique ; mais l'heure est venue de pousser plus loin la refonte de la société. Nous touchons à une des grandes crises de l'histoire ; 1906 continue 1789, la révolution sociale complète la révolution politique.

De même que, à la fin du xviiie siècle et pendant tout le cours du xixe, les préoccupations se sont tournées surtout vers les libertés politiques, vers la substitution du droit politique égal pour tous au droit, ou plutôt au principe de l'autorité monarchique, *de même, dans le xxe siècle, il s'agit de réaliser l'égalité économique et sociale.* (F∴ Gavelle, p. 234.)

La F∴-M∴ du xxe siècle doit donc préparer les cahiers économiques et sociaux de la démocratie française, comme les Loges du xviiie siècle ont préparé les cahiers politiques de 1789. (P. 237.)

Et l'heure est venue de les préparer. Cette année même on les a commencés. Et pourquoi cette date ?

Il y a un fait qu'il ne faut nier — répond le F∴ Gavelle, rapporteur de la Commission des études sociales, — c'est que, actuellement, où *les questions politiques et religieuses sont résolues ou tendent à l'être, la question économique prend la première place.* (P. 258.)

Cette question économique a été posée fort nettement par la Commission des études sociales :

Le capital étant entre les mains d'un patron (individu, association financière, groupe social et ethnique), le régime du travail doit-il être réglé par le salariat, la participation ou ses analogues, ou la coopération, ou par la combinaison des diverses solutions, ou bien faut-il avoir recours à la socialisation des moyens de production et d'échange? (P. 233.)

La solution donnée n'est pas aussi nette, à première vue du moins. Il n'y a pas encore dans les Loges une majorité pour le collectivisme, mais la minorité est imposante et s'accroît chaque année. 107 Loges contre 178 ont voté l'ordre du jour du F∴ Dazet, nettement socialiste (1), et, parmi ces 107 partisans du socialisme, nous relevons les 5 membres du Conseil de l'Ordre : les FF∴ Bédarride, Lafferre, Blatin, Delon et Jourde (p. 333).

Le nombre, le grade et l'influence des F∴-M∴ socialistes doivent donner à réfléchir à ces conservateurs qui, en face des attentats contre la religion, se flattent que la secte sera plus réservée sur le terrain social, parce qu'elle est une société bourgeoise. Le F∴ Dulaut prend soin de dissiper ce préjugé, quand il s'écrie triomphalement :

De la consultation des Loges, il ressort nettement cette conclusion, c'est que la F∴-M∴, qu'on a accusée d'être avant tout une *Société bourgeoise*, est en train d'évoluer singulièrement, est en train de faire une *évolution*, consciente pour quelques-uns, *consciente même pour la majorité d'entre vous*, mes FF∴; inconsciente peut-être pour un certain nombre, mais une évolution réelle, *dans un sens profondément démocratique et social*. (P. 202.)

Oui, la F∴-M∴ française évolue vers le socialisme ; ceux-là mêmes qui l'empêchent de passer ouvertement au socialisme avec armes et bagages, comme le F∴ Debierre, combattent leurs adversaires, uniquement parce qu'il serait « *imprudent* à la F∴-M∴ française, dans laquelle toutes les opinions sont représentées, où il y a des radicaux, des radicaux-socialistes, des socialistes de toutes les écoles....., de se prononcer *dès aujourd'hui* pour une formule économique quelconque..... A chaque jour suffit sa tâche. » (P. 278.)

Et le F∴ Debierre ajoute qu'il « revendique, malgré les dénégations du F∴ Dazet, la prétention d'être socialiste comme lui ». (*Ibid.*) C'est son ordre du jour qui a triomphé, on devine, et il prend soin de le dire, que cet ordre du jour « diffère peut-être, quant au fond, beaucoup moins qu'on ne suppose, de celui du F∴ Dazet ; mais, au lieu d'engager

---

(1) *Ordre du jour Dazet.* — Considérant que la propriété est la sauvegarde de la liberté et de la dignité humaines, qu'il n'y a, par suite, ni liberté ni dignité pour tous ceux qui n'ont pas de propriété ;

Considérant que le régime démocratique a pour conséquence et développement nécessaire l'universalisation de la propriété — sous la forme que comportent actuellement les différents modes de production agricole et industrielle — de façon que, en ce qui concerne les moyens du travail, personne ne dépend de personne ;

Considérant, en l'état actuel de la société française, que, dans tous les cas où la propriété *privée*, fondée sur le travail *personnel*, a fait place à la propriété *capitaliste*, fondée sur le travail des autres, il est nécessaire, pour assurer la liberté de tous, de *socialiser* les moyens de travail ainsi monopolisés, sans qu'il y ait lieu d'exercer aucune contrainte légale sur les travailleurs qui disposent personnellement de leur instrument de travail ;

Déclare que tous les efforts des démocrates sincères doivent tendre, dès à présent, à la transformation en propriété *sociale ou collective*, non pas des moyens de production ou d'échange qui sont encore appropriés en la forme individuelle, mais de ceux qui ont pris la forme de propriété capitaliste.

la F∴-M∴ française tout entière derrière une formule générale économique, il la laisse en dehors d'une formule dogmatique qui l'engagerait d'une façon définitive ». (P. 379.)

LE CONVENT,

Confiant dans la devise de la F∴-M∴, qui est de poursuivre l'émancipation matérielle et morale de tous les individus et de tous les peuples ;

Inspiré toujours et partout par l'idée du progrès indéfini, sans bornes ;

Adversaire résolu de tous les privilèges économiques ou sociaux de caste ou de classe ;

Mais, considérant qu'il ne veut ni ne peut enfermer la F∴-M∴ dans une formule économique dogmatique qui lui paraît pour le moins prématurée ;

Renouvelle que *la F∴-M∴ entend consacrer tous ses efforts pour faire aboutir toutes les réformes politiques et sociales qui doivent, dans la République, définitivement et successivement libérer l'humanité des chaines que lui ont rivées, durant des siècles, les institutions théocratiques et monarchiques et, depuis, le capitalisme moderne, passe à l'ordre du jour.* (P. 280.)

« Oh ! qu'en termes *précis* ces choses-là sont dites ! » Incontestablement, le F∴ Debierre possède mieux l'esprit maçonnique que le F∴ Dazet, ce secret d'envelopper dans des formules cauteleuses les choses qu'on n'a pas le courage d'énoncer ouvertement.

II

Réformes communément admises.

D'ailleurs, quoiqu'il s'oppose à la proclamation d'une formule générale, le F∴ Debierre — et l'on peut dire tous les FF∴ avec lui — admettent déjà bien des réformes socialistes :

> Quand le F∴ Dazet, dit le F∴ Debierre, fait le procès de la propriété capitaliste, c'est-à-dire de celle qui est fondée sur le travail des autres et non pas sur le travail personnel, nous sommes d'accord, et, pour bien lui démontrer que nous aussi nous avons la prétention d'êtres socialistes, c'est que, dans l'ordre intellectuel, chacun le sait, nous sommes les partisans les plus résolus de la socialisation intégrale de l'enseignement; c'est que, dans l'ordre économique, lorsque nous vous demandons de socialiser *tous les grands monopoles privés qui sont absolument mûrs pour l'appropriation sociale; lorsque nous demandons une limite assez étroite au droit d'héritage pour que la propriété capitaliste ne demeure pas trop longtemps sans rentrer dans le domaine de la propriété sociale, j'imagine bien que nous sommes socialistes.* (P. 276.)

On devait donc s'attendre à de prochaines attaques contre les monopoles privés. Elles ne tardèrent pas. Moins de quinze jours après la clôture du Congrès, le 8 octobre, Jaurès disait à Limoges, dans un discours étudié :

> Nous disons qu'il n'y aura de salut pour les travailleurs que par l'avènement de la propriété sociale substituée à la propriété capitaliste.
> Tant que les usines, les mines, les chemins de fer, les faïenceries, les porcelaineries (les deux grandes industries de Limoges), les cordonneries, les tissages, les verreries, les grands domaines, seront la propriété d'une minorité, qui, même quand elle travaille, prélève une rémunération infiniment supérieure à son effort propre, il y aura misère, il y aura servitude.

Et l'on saisira toutes les occasions de renouveler ces attaques. Le même Jaurès écrivait le 4 février 1906, dans *l'Humanité*, à propos de la résistance aux inventaires :

> La démocratie républicaine, fatiguée par toutes ces attaques, par toutes ces violences de la réaction, voudra se débarrasser enfin de la contre-révolution par des coups décisifs. Tous les états-majors de l'Eglise militante et du royalisme agressif sont en même temps les états-majors des grandes entreprises capitalistes, chemins de fer, mines, etc., et la nation aura hâte de les déloger des forteresses économiques d'où ils font, contre elle, contre ses libertés, contre son repos, de perpétuelles sorties. Après le Concordat religieux, c'est le concordat financier par lequel l'Etat a livré au capital une partie du domaine public, qui doit être aboli; et la voie sera ouverte ainsi à des nationalisations plus hardies et plus vastes.

La résistance des catholiques est l'occasion de ces menaces; mais elles trahissent l'exécution d'un plan combiné d'avance. Pour le réaliser, on s'inspirera des circonstances; au besoin, on les fera naître.

D'accord sur la nationalisation prochaine des grandes entreprises industrielles, on l'est aussi sur le nivellement des classes. Pour se rendre compte de cet état d'esprit, il faut lire la longue discussion engagée au sujet des écoles d'apprentissage.

De même qu'on supprime les classes primaires dans les lycées, afin que, dans l'enseignement bientôt monopolisé, riches et pauvres soient obligés de passer tous dans les mêmes classes primaires, de même on veut que tous les futurs ouvriers de l'industrie « soient placés dans des ateliers pour faire leur éducation professionnelle....., *dans ces ateliers seront placés aussi les fils de patrons, les fils de contre-maîtres* » (1). (P. 206.)

On ne pourra pas supprimer les ouvriers, mais on supprimera les prolétaires : « Nous déplorons, dit le F∴. Debierre, que, derrière la plupart des salariés, il y ait un prolétaire. »

Évidemment l'état de prolétaire doit disparaître. Mais qui dit salarié ne dit pas prolétaire..... si les institutions républicaines arrivaient à faire de tout ouvrier un être indépendant et libre par le jeu des lois protectrices du travail et de la prévoyance sociale, mis à la fois à l'abri des besoins de la journée et du lendemain, il ne viendra à l'idée de personne que le salarié de demain — surtout si le contrat collectif de travail est substitué au contrat individuel — sera moins indépendant par exemple qu'un ingénieur ou un professeur de faculté. (P. 279.)

Mais comme cet âge d'or pourrait n'apparaître pas si vite à l'horizon de demain, dans la démocratie encore amorphe, on fera pénétrer l'esprit et les vertus maçonniques : La première vertu qu'il faut que nous cultivions chez elle, dit le F∴. Lafferre:

---

(1) Ces ateliers seront *sous le contrôle* non seulement de l'inspecteur du travail, mais aussi *des Syndicats ouvriers*.

Le F∴. Bédarride (le délateur de Marseille) n'a pas confiance dans les inspecteurs du travail. Voici son appréciation sur ces fonctionuaires, à propos du travail des femmes dans les ateliers de couture :

« Je n'incrimine personne, mais combien de fois avons-nous vu dans une cité industrielle ou usinière quelconque, je ne parle pas spécialement des ateliers de couture, parce que ce que je vais dire serait particulièrement scabreux...., combien de fois a-t-on vu un élu, un personnage politique très influent, s'intéressant au chef masculin ou, je n'ose pas dire, féminin, de l'établissement...., je ne vous montre qu'un côté de la question par décence..... combien de fois a-t-on vu, quand l'inspecteur ou l'inspectrice avait dressé son procès-verbal, des influences prépondérantes s'exercer pour que le procès-verbal ne pût suivre son cours et que la loi ne fût pas appliquée? » (P. 364.)

C'est l'examen, le libre examen..... qui lui permettra de ne pas se contenter de *credos*, de formules, d'où qu'elles viennent, mais d'avoir la responsabilité des progrès qu'elle doit accomplir.

La seconde vertu....., c'est le contraire de celle que l'Eglise essaye de cultiver dans les cœurs. L'Eglise prêche au peuple une doctrine de mort, lui inculque ce sentiment, qui, tant qu'il n'aura pas disparu, sera la cause de toutes les stagnations; ce sentiment, vous le connaissez bien, c'est la résignation à la souffrance: nous, nous voulons cultiver chez le peuple le contraire de la résignation...... la révolte, la révolte permanente et raisonnée contre la résignation, contre les iniquités sociales; la révolte méthodique contre tout ce qui n'est pas conforme à la raison, à la liberté et à la justice. Nous voulons que cette révolte soit méthodiquement organisée. (P. 449.)

Quand on tient la révolte pour une vertu, on n'a pas le droit d'être fort sévère pour l'Internationale et les anarchistes. Aussi ne s'étonnera-t-on pas que le Convent ait adopté deux vœux pour la suppression des lois contre l'Internationale des travailleurs et contre les menées anarchistes :

Il n'est pas besoin de longues explications à cet égard, dit le rapporteur, vous savez combien ces lois sont attentatoires à l'esprit républicain et au libre examen. Cette loi sur les menées anarchistes, notamment, permet de poursuivre les citoyens pour un délit d'opinion, et voilà ce qu'un vrai républicain ne pourra jamais admettre. (P. 408.)

Ainsi donc, nationalisation des grandes entreprises industrielles, destruction des gros patrimoines par de savantes lois successorales.

Il y a une loi récente, qui a permis de classer les successions par importance; on y constate que sur environ 800 000 décès qui se produisent annuellement, les successions se répartissent ainsi : plus de la moitié de la richesse de la France appartient à des travailleurs qui laissent après eux un capital de moins de 50 000 francs, et on constate qu'il en est beaucoup qui laissent moins de 10 000 francs. Il y aura à vous demander quel sort on va faire à ces petits capitalistes. (F.·. Gavelle, p. 255.)

Sans qu'il soit besoin d'indiquer plus clairement la loi à faire, on devine les articles du projet que rédigerait le F.·. Gavelle.

Transformation du prolétariat, organisation méthodique de la révolte, telles sont les grandes lignes du plan qu'admettent les F.·.-M.·. de France.

III

Questions en litige.

On se demande sur quel point ils peuvent bien être en désaccord. Et cependant le désaccord existe. Le rapporteur le constate, et tout son rapport tend à chercher les moyens d'y mettre fin :

Il y a un fait qu'il ne faut pas nier, dit-il, c'est que, actuellement, la divergence de doctrine entre les deux écoles radicale et socialiste unifiée..... tend à s'accentuer ; cette divergence serait un véritable péril pour la République, si elle prenait un degré d'acuité tel que la collaboration des radicaux et des socialistes, qui a été si féconde depuis cinq ou six ans, arrivait à cesser..... *Il y a donc une grande utilité pratique à discuter dans nos At∴ ces questions.* (F∴ Gavelle, p. 258.)

Et le F∴ rapporteur précise bien la divergence :

La question qui divise à l'heure actuelle le parti radical-socialiste et le parti collectiviste, c'est que le premier se contente de supprimer le prolétariat ; il croit, à tort ou à raison, qu'il est possible de rendre tout le monde propriétaire ou capitaliste, et, par conséquent, d'arriver à ce qu'il n'y ait plus de prolétaire. (F∴ Gavelle, p. 256.)

C'est cette divergence qu'il s'agit de faire cesser par la méthode maçonnique. Rien de curieux comme le discours du F∴ Gavelle. Il commence par un cours de logique, avec longues citations de Descartes à l'appui, tout un apparat scientifique qu'on lira avec recueillement à l'Orient de Bouffarik ou à l'Etoile de la Numidie.

Cet étalage de méthode n'est que du charlatanisme mais un habile charlatanisme. Avec une prodigieuse tartuferie, les chefs véritables qu'on sent derrière les vénérables créent, modèrent ou lancent les mouvements d'idées. La F∴-M∴ n'est qu'un porte-voix destiné à amplifier les paroles de quelques chefs mystérieux. Elle est une puissante lanceuse d'idées, parce qu'elle est une lanceuse presque automatique :

C'est la discipline qui fait notre puissance, répondait le F∴ Lafferre à des FF∴ qui réclamaient moins de centralisation ; l'erreur que l'on commet, c'est de croire que la M∴ doit réaliser en elle-même toutes les réformes......, notamment la décentralisation. C'est la discipline qui fait notre puissance, et c'est parce que nous sommes très disciplinés que nous pouvons travailler à assurer aux autres hommes..... les avantages de la liberté et de l'initiative, que nous leur assurons précisément parce que nous agissons avec une cohésion permanente. (P. 349.)

Obtenir cette cohésion, tel est le travail préliminaire qu'on poursuivra dix ans, vingt ans, s'il le faut, dans les Loges. Qu'on se rappelle les grands mouvements depuis trente ans! La loi scolaire, la loi militaire, le chambardement de l'armée, la séparation de l'Eglise et de l'Etat. Ces grandes réformes, longtemps agitées, ont abouti le jour où la F∴-M∴ avait fait l'unité en son sein et obtenu la cohésion de tous ses membres pour monter à l'assaut de la position.

Avant toute réforme, il faut donc une préparation plus ou moins longue. Quand enfin la réforme paraît mûre, on la livre au travail des ateliers. Mais de peur qu'à ce dernier stade l'esprit des FF∴ ne s'égare, on les *documente*.

Ce qui fait l'originalité de la F∴-M∴, c'est de laisser aux FF∴ dans le monde profane une absolue liberté d'action pour poursuivre, chacun comme il l'entend, l'idéal qui lui est propre ; son rôle est de *s'appliquer à faire la clarté dans l'esprit de tous.....* en documentant exactement ses membres. (P. 238.)

Inutile de dire qu'il est fait un habile trucage des documents, que, dans chaque Loge, les véritables initiés travaillent l'esprit des FF∴ afin de les orienter dans la direction voulue.

La réforme économique de la Société en est à son dernier stade. Depuis quinze ans, la question revient dans les délibérations des Loges et même dans l'Assemblée générale. En 1904, on avait essayé de lui donner sa solution définitive ; le grand Conseil de l'Ordre, absorbé par l'affaire des fiches, n'eut pas le loisir de documenter les ateliers. Le temps perdu sera réparé.

En vertu du mandat de l'Assemblée, le Conseil de l'Ordre enverra, et sans doute a envoyé déjà aux FF∴, une circulaire indiquant une bibliographie, la méthode à suivre et un questionnaire.

La *bibliographie!* elle sera adroitement composée, si l'on en juge par le seul livre que recommande le F∴ rapporteur, *la Société future*, du F∴ Deslinières (p. 246), ou par les brochures envoyées déjà l'année dernière aux Loges :

1º Comme brochure politique :

Une *Etude sur la séparation de l'Eglise et de l'Etat*, par notre F∴ Dazet, avocat ;

2º Comme brochures d'*économie sociale :*

a) Une *Etude sur les Syndicats professionnels et les associations*, par notre F∴ G. Lemarchand, ouvrier menuisier ;

b) Une *Etude sur l'apprentissage et les écoles professionnelles*, par notre F∴ G. Lemarchand, ouvrier menuisier. (P. 415.)

La *méthode* complétera l'effet de la bibliographie. On doit prendre pour point de départ de toute l'étude la déclaration de principes du parti socialiste unifié.

Cette formule que je vais vous lire, dit le rapporteur, a une importance considérable ; nous ne pouvons pas nier que, quand tout un grand parti adopte certaines expressions et en fait la synthèse de sa pensée, quand ces expressions sont la formule adoptée par le parti ouvrier international du monde entier, de tous les peuples civilisés, cette formule demande à être examinée de très près. Pour beaucoup, cette formule est aujourd'hui un *Credo*; il y en a qui le considèrent comme un *théorème démontré*. (P. 246.)

Que voulez-vous qu'on fasse devant un théorème démontré? On ne le conteste pas, on le constate. Cependant, de peur que quelques esprits lourds n'aperçoivent pas les corollaires qui découlent du théorème ou ne s'égarent en les déduisant, le Conseil de l'Ordre ajoutera un *questionnaire*. C'est le catéchisme qui accompagne le *Credo*.

Très intéressant, ce questionnaire! Le voici :

Conclusions de la Commission.

Considérant que les questions économiques et sociales prennent de plus en plus une place prépondérante dans les préoccupations des peuples civilisés ;

Considérant que, s'il en est ainsi, même chez les nations moins avancées que la notre au point de vue politique, ces questions ont une importance encore plus grande qu'ailleurs dans une démocratie où la forme républicaine existe, où le suffrage universel est établi, où l'instruction est obligatoire et la liberté de discussion admise, où la laïcisation complète de l'Etat tend à se réaliser, et où, par conséquent, l'opinion publique, libérée d'autres soucis, est d'autant plus portée à concentrer son attention sur les problèmes économiques et sociaux ;

Considérant qu'il serait dérisoire de laisser les faits en contradiction avec la théorie, là où la souveraineté du peuple est la base du gouvernement, et l'égalité des droits entre tous les citoyens le principe fondamental de la Constitution ;

Considérant qu'il y a pour la démocratie française, plus que pour toutes les autres nations, nécessité de faire au plus tôt pénétrer dans les lois et dans les mœurs les principes de justice et de solidarité sociale déduits de l'étude scientifique et rationnelle des besoins de l'humanité ;

Considérant que, pour obtenir ce résultat, il ne suffit pas de marquer à priori des préférences pour tel ou tel système économique et d'adhérer à des formules dont le sens n'est pas exactement précisé ; mais qu'il faut *déterminer d'une façon précise* par l'observation rigoureuse des faits, d'abord *ce qu'il est possible de faire*, ensuite *par quels moyens pratiques on doit s'appliquer à le réaliser ;*

Considérant que pour se faire une opinion sérieuse sur ces deux questions primordiales et en déduire le but à poursuivre, il faut être documenté autrement que la généralité des At.·. de la Fédération ne l'a été jusqu'ici, d'une part *sur la matérialité de la situation économique actuelle* et les transformations successives d'où elle est sortie, d'autre part, *sur la différence des procédés que les diverses écoles économiques préconisent* pour apporter à l'état de choses existant les réformes qu'il comporte ou pour y substituer un ordre social absolument différent, si celui actuel était reconnu incurable, enfin, *sur la signification que lesdites écoles attachent aux termes dont elles se servent,* ainsi que sur la portée des moyens qu'elles proposent pour atteindre le but qu'elles assignent aux efforts de l'humanité ;

Considérant que, par suite des circonstances que l'on sait, cette documentation demandée au Conseil de l'Ordre par le Convent de 1904 n'a pas été fournie aux Loges,

La Commission propose au Convent de cette année :

PREMIÈREMENT

De reprendre la question au point où l'avait laissée le Convent de l'an dernier et de demander en conséquence au Conseil de l'Ordre d'exécuter la décision prise par le Convent de 1904, c'est-à-dire de faire appel à la bonne volonté individuelle et collective des Loges et des FF∴ bien documentés pour fournir au G∴-O∴ les éléments indispensables à un travail fécond, savoir :

Données positives et incontestables.

1° Sur le développement de la richesse et l'état actuel de sa répartition ;

2° Sur la concentration ou la division de la propriété dans ses trois principales manifestations :

a) Capitaux fixes ou moyens de production (sol, propriété bâtie, outillage) ;

b) Capitaux mobiles ou moyens d'échange (marchandises à l'état de matières premières ou de produits fabriqués, numéraires, valeurs mobilières comprenant les titres de rentes, les actions, les obligations, parts d'intérêts, créances, etc.....) ;

c) Capitaux appropriés ou moyens de consommation (meubles meublants, vêtements, ustensiles et denrées destinées à être consommées ou à servir aux usages domestiques de ceux qui en sont les détenteurs ;

3° Sur le progrès du machinisme et ses effets ;

4° *Sur le taux des salaires à différentes époques* comparé à la cherté de la vie ;

5° *Sur la durée et l'importance des chômages* et des crises diverses ;

6° *Sur les causes qu'on leur attribue* et les moyens jusqu'ici employés pour y remédier ;

En un mot, sur la *matérialité d'un certain nombre de faits sociaux*, sur lesquels il est de toute nécessité d'être très exactement renseigné pour pouvoir émettre un avis réfléchi sur la question des rapports du capital et du travail ;

DEUXIÈMEMENT

De demander au Conseil de l'Ordre de condenser, de classer les documents ainsi réunis et de les envoyer aux Loges avec une circulaire explicative qui les inviterait à continuer l'étude des rapports du capital et du travail en vue de la préparation par la F∴-M∴ *des cahiers économiques et sociaux de la Démocratie* comme la F∴-M∴ du xviii° siècle a élaboré *les cahiers politiques* des Etats généraux de 1789 ;

Cette circulaire du Conseil de l'Ordre inviterait les Loges :

1° A étudier la bibliographie qu'elle leur signalerait, ainsi que les documents dont elle serait accompagnée et tous autres matériaux ayant une valeur réellement scientifique ou rationnelle que les Loges pourraient se procurer directement ;

2° A faire parvenir au G∴-O∴, pour le Convent de 1906, les résultats de cette étude et à préciser les conséquences que leurs différents membres croient pouvoir en tirer, en faisant connaître notamment :

a) Quels sont les principes de justice et de solidarité sociales qu'ils voudraient voir appliquer aux rapports du capital et du travail ;

b) Quels sont les moyens pratiques qu'ils croient possible d'employer pour rendre cette application aussi prompte et aussi complète qu'ils le désirent ;

Cette circulaire insisterait pour que les Loges ne se bornent pas à exprimer une préférence pour tel ou tel système sans la justifier, mais pour qu'elles donnent au contraire à l'appui des avis émis les raisons qui les ont motivés et mettent en parallèle les arguments pour ou contre qui auront été émis dans leur sein.

La Commission des Études politiques et sociales espère que les Convents subséquents s'appliqueront à exprimer des travaux fournis par les At∴ ce qu'ils contiendront de plus substantiel et en pourront faire des résumés qui, par le rapprochement des thèses contradictoires et des démonstrations que chacun aura essayé d'en faire, aideront à faire la clarté dans les esprits sur le but véritablement utile à assigner aux efforts de tous pour l'amélioration du sort des travailleurs.

TROISIÈMEMENT

La Commission estime qu'il convient de préciser la *méthode à suivre dans l'étude de la question en adressant aux Loges le questionnaire suivant :*

Questionnaire.

1° L'homme civilisé peut-il s'abstraire du milieu où il se trouve et vivre d'une indépendance absolue à l'égard de ses semblables?

2° Doit-il, au contraire, dans tous ses actes, se soumettre aux convenances de la majorité?

3° Si vous n'êtes partisan ni de l'un ni de l'autre de ces extrêmes, *dans quelle mesure admettez-vous qu'il doit aliéner une partie de sa liberté individuelle pour jouir des avantages de la vie sociale et à quels avantages jugez-vous que cette aliénation lui donne droit?*

4° Pensez-vous que les restrictions partielles à la liberté de l'individu puissent être déterminées autrement que par la loi?

5° Si vous admettez la nécessité d'une *loi positive,* croyez-vous que cette loi doive être *l'expression arbitraire de la majorité,* ou bien qu'elle doit être seulement *l'interprétation par les représentants élus de cette majorité des principes de droit naturel déduits de l'étude scientifique et rationnelle des besoins de l'humanité?*

6° Dites ce qui se dégage pour vous de l'étude de ces besoins, et notamment si vous en déduisez ou non le *Droit à la vie, à la sécurité et à la libre disposition par chacun de son activité et des fruits de son travail,* et si vous admettez d'autres restrictions à ces droits naturels que *le respect des droits et de la liberté d'autrui et la participation,* selon *les facultés de chacun, aux œuvres de prévoyance sociale et de solidarité* que l'initiative privée serait impuissante à réaliser.

7° Si vous vous tenez en deçà de cette limite ou allez au delà, précisez votre pensée et donnez-en les raisons.

8° Dites si vous considérez ou non *la propriété individuelle* comme le complément nécessaire de la liberté, et faites connaître *la définition de la propriété individuelle que vous adoptez.*

9° Si vous croyez à la nécessité et à la possibilité de *supprimer le prolétariat,* dites si vous concevez la réalisation de cette suppression *par l'accession de tous les hommes à la propriété individuelle* ou bien *par son abolition et son remplacement par la socialisation de la propriété.*

10° Si vous êtes partisan de l'accession de tous les hommes à la propriété individuelle, *indiquez quels moyens pratiques vous préconisez pour atteindre ce résultat*, notamment par quelles mesures progressives, par quelles réformes doit être poursuivie *l'amélioration de la société existante*, et comment vous entendez *remédier aux abus du régime capitaliste*, à l'anarchie économique de *la production désordonnée* et de la *concurrence à outrance* signalée par les socialistes comme un mal incurable des sociétés modernes.

11° Si vous êtes partisan *de la socialisation des moyens de production et d'échange et de la transformation de la société existante en société collectiviste ou communiste*, expliquez par quels moyens pratiques vous entendez assurer le fonctionnement de la société nouvelle, non seulement quant à *l'organisation de la production*, mais surtout *quant à la substitution des répartitions des produits à la liberté des échanges. Dites comment vous entendez rendre cette répartition équitable*, soit *en donnant à chacun les mêmes moyens de consommation*, soit *en proportionnant la répartition aux services rendus par l'individu*, ou bien *à ses besoins* sans tenir compte de services, et *qui sera juge de la valeur* ou de l'importance des uns et des autres?

12° Expliquez-vous sur la *question de la valeur des produits* quand elle ne se trouvera plus déterminée par *le jeu de l'offre et de la demande*.

13° Dites comment *vous entendez qu'on devrait passer du régime actuel au régime collectiviste ou communiste* et notamment comment vous concevez *l'expropriation économique des détenteurs actuels* des moyens de production et d'échange *avec* ou *sans indemnité*.

14° Précisez ce que pourrait être cette indemnité *si les moyens d'échange étaient nationalisés* et si, par conséquent, il n'y avait plus d'échanges possibles entre les particuliers.

15° Dites si cette transformation vous parait devoir être *graduelle, progressive* ou *brusque, lointaine* ou *immédiate*.

16° Dites comment vous concevez le fonctionnement de la société *pendant la période transitoire* ou si vous croyez à la *possibilité d'un changement intégral du jour* au lendemain, et du fonctionnement instantané du nouveau régime.

17° Dites enfin si vous envisagez *la nationalisation des moyens de production et d'échange* comme *l'aboutissant fatal, mais à long terme de l'évolution économique* qui se réalisera spontanément à son heure, ou comme un *idéal plus ou moins accessible dans un avenir indéterminé*, vers lequel il faut tendre à se rapprocher sans trop espérer l'atteindre de longtemps tout au moins, ou bien comme *une simple hypothèse destinée à rendre plus visibles les défauts du régime existant* et la nécessité d'y apporter des modifications plus ou moins profondes ou encore *comme un but réel, positif, vers lequel il faut diriger dès maintenant l'effort du prolétariat*.

18° Dans ce cas, dites ce que vous pensez des diverses manières d'y arriver, savoir : *Action légale* par la *conquête des pouvoirs publics* combinée ou non avec *l'action pacifique des Syndicats* pour l'obtention d'améliorations dans la condition des salariés (contrat collectif, minimum de salaire, réduction des heures de travail, etc.....) ou *Action directe syndicale* poussant à la *Grève générale* et à la *Révolution*.

Telle est l'étude à laquelle sont conviées les Loges. Elles doivent la mener rapidement, en faire parvenir au Grand-Orient les résultats pour le Convent de 1906, et l'on en fera *les cahiers économiques et sociaux de la démocratie, comme la F∴-M∴ du* xviiie *siècle a élaboré les cahiers politiques des Etats généraux de 1789. (P. 260.)*

Dans quel sens seront rédigés ces cahiers? On peut le prédire, sans être prophète. Quand il se produit une évolution, ce ne sont pas les partis avancés qui reculent, mais les modérés qui avancent. Le F∴ Groussier le constatait, non sans malice, à propos du F∴ Debierre :

Nous voyons que ceux d'entre nos FF∴ qui, ne partageant pas nos opinions, les ont étudiées, arrivent à nous faire de réelles concessions et à se rapprocher de nous; je ne doute pas, après avoir entendu le très éloquent discours de notre F∴ Debierre et le comparant à ceux des années précédentes, qu'il ne se soit fait dans son esprit une très grande évolution.

Au dernier Convent, il s'opposait d'une façon absolue à la doctrine collectiviste, la déclarait contraire à la liberté, contraire à l'évolution sociale et contraire au progrès; aujourd'hui, il n'a plus été aussi affirmatif, et son ordre du jour considère le collectivisme comme simplement prématuré. (P. 280.)

Prématuré! dans un an, il ne le sera plus. Au Convent de 1906, il y aura au sein des Loges une majorité collectiviste, et, si les élections législatives leur sont favorables, les FF∴ commenceront sans retard contre les capitalistes l'œuvre qu'ils considèrent comme terminée, ou à peu près, contre les catholiques.

IV

Mesures immédiates.

D'ailleurs, ils ne s'endorment pas dans l'oisiveté.

Ils se sont terrés un instant, après la dénonciation des fiches. Mais les Loges ne sont pas en sommeil; elles recrutent de nouveaux adhérents.

Dans notre Loge, dit le F∴ Jacob, de Lille, nous avons eu des demandes d'admission de beaucoup d'officiers; nous en avons refusé quelques-uns, mais nous en avons accepté d'autres. Jamais nous n'avons eu à nous plaindre de ceux que nous avions admis parmi nous. Bien mieux, l'année dernière, sur trente-cinq travaux remarquables qui nous ont été fournis, dix-sept sont l'œuvre de soldats et d'officiers. (P. 102.)

La délation a repris des formes plus hypocrites et plus savantes. Elle n'est même pas limitée aux corps d'officiers, comme on l'avait cru d'abord. Elle sévit dans le monde des affaires.

L'*Eclair* en donnait la preuve dans le numéro du 9 février 1906, en publiant cette lettre qui émane du F∴ Ligneul, vénérable de la Loge les *Amis du progrès* :

O∴ du Mans, 15 février 1898.

T∴ C∴ F∴ Sandou,

J'ai votre honorée du 14 du courant. Les deux principaux fabricants de conserves au Mans sont :

La maison Pellier, qui est très importante, et a des établissements à La Turballo et à Audierne, sans compter ceux du Mans. Ce doit être cette maison qui a dû faire acheter, l'année dernière, chez vous ; maison très riche, *mais réactionnaire.*

La maison Jacquier, moins importante que la précédente, mais marchant bien, a des établissements à Lerat, à côté de La Turballe, et au Mans.

Jacquier est un ancien juge au tribunal de commerce et *fait partie de notre Loge.*

Je vous serre cordialement la main.

Paul Ligneul, V∴

Ils atteignent ainsi toutes les classes de la société, à l'aide de quelque Comité Mascuraud. Ils ne s'en cachent pas et se vantent aujourd'hui que leur action sociale s'exerce « dans beaucoup d'œuvres d'économie sociale : hygiène sociale, éducation professionnelle, éducation sociale, Société de prévoyance, Syndicats professionnels, associations de tout ordre ». (F∴ E. Tailhade, p. 419.)

Ils ont une sveltesse de fouine pour s'insinuer dans toutes les Sociétés afin de les diriger. Ecoutez cet aveu à propos des Syndicats agricoles :

Il est une catégorie de Syndicats que je crois devoir vous signaler : ce sont *les Syndicats agricoles*. Ces prétendus Syndicats professionnels ne sont, en réalité, que des coopératives d'achat et de vente d'instruments et de denrées. Ils augmentent sans cesse en nombre et en importance entre les mains des gros propriétaires qui en font un instrument d'influence politique. Leurs opérations sont illégales, on pourrait les briser. Mais il est pénible, il est toujours périlleux de se heurter à des intérêts ; par conséquent, *il vaudrait mieux, dans l'intérêt de notre propagande, tâcher de s'immiscer* dans la direction de ces groupements et s'en assurer au moins la direction intellectuelle et morale. (F∴ E. Tailhade, p. 420.)

La direction, le gouvernement de toutes les forces vives de la société, telle est leur seule politique. Quant au bien du peuple, ils ne s'en inquiètent pas. Il est bon que cette vérité soit mise en lumière, car ils trompent le peuple.

Le peuple est allé à eux — non sans inquiétude, — parce qu'il croyait à leur bonne volonté ; il est entré dans les Syndicats, dans les Mutualités, dans les Coopératives, parce qu'il voyait dans ces œuvres son avantage matériel, et il en a gardé de la reconnaissance pour ceux qui les dirigeaient.

Quelle désillusion s'il connaissait la vraie pensée des F∴ M∴, la pensée de derrière la tête ! Le F∴-M∴ se mettra volontiers à la tête d'une Coopérative. Mais savez-vous pour lui l'idéal de la Coopérative ? Ce serait une Coopérative où les bénéfices ne seraient point partagés entre les associés :

La question des bénéfices, dit le F∴ Manoury, est la pierre de touche qui permet de savoir si le groupement est un groupement socialiste cherchant l'évolution sociale ou si c'est simplement une *coopération bourgeoise*. (P. 23.)

Bourgeois, les ouvriers qui, achetant leur pain à la Coopérative, font ainsi une économie sur leur pauvre salaire !.....C'est la Loge des *Amis du peuple* qui le dit et qui les en blâme !

Pour faire accepter les rigidités et les duretés de leurs systèmes, ils présenteront quelques lois ouvrières destinées à faire illusion aux masses.....

Mais les projets de détail, si menaçants qu'ils paraissent, sont un des moindres dangers dont nous menace la F∴-M∴ Le péril suprême est l'entraînement fatal qui la pousse vers le socialisme, afin d'y trouver de nouveaux auxiliaires dans sa lutte contre l'Eglise et la société. Après avoir ruiné la France, elle aboutira fatalement une fois de plus à une crise révolutionnaire et nous ramènera la Terreur ou la Commune.

V

Un intermède communiste.

Dans sa conduite comme dans ses cérémonies, la F∴-M∴ ne peut éviter, semble-t-il, de passer de la tragédie à la comédie, de l'odieux au grotesque. L'Assemblée générale de 1905 eut son intermède bouffon. Nous le rapporterons pour mieux montrer et la naïveté de quelques comparses et l'hypocrisie des chefs.

L'Orient de Bouffarik fut représenté par un F∴ Besnard, dont le rêve serait de fonder une nouvelle *Icarie* sous le ciel bleu de l'Algérie. Il épancha son âme dans le sein de ses F∴. Voici en quels termes le compte rendu relate l'incident :

Le F∴ Augagneur, *président*. — Un vœu signé du F∴ Besnard, de Bouffarik, Émet le vœu que le Gouvernement concède, à titre gratuit, une étendue de terre algérienne suffisante pour que les partisans du collectivisme puissent y faire l'essai de leur théorie.

Je crois, mes FF∴, que cela n'a rien de commun avec le collectivisme. Il y a un nommé Cabet qui, en 1868, a essayé cela en Amérique; l'expérience s'est terminée d'une façon lamentable; les essais faits en Amérique, au milieu de la bourgeoisie, n'ont rien prouvé du tout.

D'ailleurs, le Gouvernement ne vous donnera pas un territoire au milieu de l'Algérie, et il aura raison.

Le F∴ Besnard. — Mes FF∴, je suis fils d'ouvrier, je suis devenu ce qu'on appelle un bourgeois, puisque les circonstances ont fait que j'ai occupé des ouvriers, mais cette question du collectivisme m'a toujours préoccupé. Comment arriver au collectivisme? Moi, je ne demande qu'à m'instruire; nous demandons qu'on fasse une expérience.

Le F∴ Augagneur. — Le collectivisme ne se met pas dans un aquarium.

Le F∴ Besnard. — Aujourd'hui, il y a en Algérie des quantités de terres qui sont inoccupées, vous pouvez y mettre des partisans du collectivisme pour y faire un essai; nous verrons les résultats obtenus..... (*Rumeurs.*) Si les résultats sont bons, nous l'appliquerons partout.

Le F∴ Augagneur. — Nous sommes ici plusieurs collectivistes, pas un de nous n'ira faire cette expérience.....

Le F∴ Besnard. — Je voudrais qu'on essayât.....

Le F∴ Augagneur. — Nous ne marcherons pas.

Le F∴ Besnard. — Le F∴ Dazet m'a dit qu'il ferait bien l'essai. (*Rires.*)

Le F∴ Dazet. — Mes FF∴, je vous dois la vérité tout entière: hier, notre F∴ est venu me proposer tout un département algérien, j'ai accepté galamment comme il me le proposait..... (*Nouveaux rires.*)

Le F∴ Augagneur. — Cela se passait en Gascogne? (*Rires.*) Je crois que sur cette proposition nous devons voter l'ordre du jour.

Le F∴ Besnard. — Je la retire.

Le F∴ Augagneur. — C'est préférable.

On est fâché que le F∴ Augagneur nourrisse ces sentiments. Il avait une si belle occasion d'essayer dans la Grande Ile le communisme, que déjà pratiquent à peu près certaines peuplades sakalaves!

Conclusion — Il faut se défendre.

En tout cas, tous les Français doivent s'unir pour empêcher l'importation de ces doctrines hétéroclites, nées dans les Loges et les ghettos. Nul ne doit se rassurer par l'espérance que les F∴-M∴ s'arrêteront d'eux-mêmes, qu'ils reculeront devant le bouleversement que causerait la réalisation de leurs idées.

Non, ils ne reculeront devant rien. Ces gens-là — les chefs du moins — sont des idéologues qui pousseront jusqu'au bout l'exécution de leur idéal égalitaire, comme les terroristes envoyaient à la guillotine, sans passion, par principe, parce que ces meurtres étaient nécessités par leur plan, et ils allaient ensuite, de bonne foi, chanter un hymne à la fraternité universelle.

Ce que nous regrettons, c'est qu'à l'approche des élections le mouvement de protestation contre les délateurs d'hier, les crocheteurs d'aujourd'hui, ne s'étende pas plus rapidement, c'est qu'on n'éclaire pas davantage les ouvriers, les humbles, qui seront, plus que les riches, victimes de la révolution sociale. M. Edouard Drumont disait que, si subite que soit l'explosion du mouvement populaire, les riches trouveraient toujours le temps de sauter sur leur automobile et de passer la frontière.

Mais le peuple, lui, ne pourra quitter sa maison, où, faute de travail, on manquera de pain.

Puissent tous les Français, riches et pauvres, s'unir pour secouer le joug maçonnique et judaïque! Entre Français, on s'entendra toujours.

Imprimerie P. Feron-Vrau, 3 et 5, rue Bayard, Paris, VIII⸱.

www.ingramcontent.com/pod-product-compliance
Ingram Content Group UK Ltd.
Pitfield, Milton Keynes, MK11 3LW, UK
UKHW020109100726
13658UKWH00005B/2054